Herstellung und Verlag:
BoD – Books on Demand, Norderstedt
ISBN 9-783752-812961

*Aus der Klause kommt
eine zahnlose Stimme
das Glück sei innen*

Issa (1763 - 1828)

Gregor Graf 1935 in Bern geboren, lebt seit vielen Jahren im deutsch- und französischsprachigen Biel/Bienne in der Schweiz. Bis zu seiner Pensionierung arbeitete er erfolgreich als Chemiker. Er liest viel, träumt gern und schreibt Gedichte.

gregor graf

nichts
weiter

drei zeilen nur

neujahr

zum neuen jahr
schnee auf schnee
weiß auf weiß

im tiefen schnee
stumm
die letzten heimkehrer

die lichter
verlöschen
eins nach dem andern

im schneegestöber
so vergnügt
die zwei alten

sie lächelt
flüstert ihm
ins ohr

er stützt sich auf den besen
klar gewischt
den kopf

weg mit grillen
flöhen
allesamt

beim zähneputzen
ach - den traum
vergessen

und die ziegen
meckern
doch wieder

im ofen
noch glut
vom alten jahr

ein paar sachen
doch mitgenommen
ins neue jahr

das neue jahr
nicht hell
nicht dunkel

frühling

sie sei schön
hat er ihr
gesagt

schwalben
im hof
seit heute nacht

kirschblüten
im wind
schneeweiß der berg

vom frühlingsregen
erwacht
die iris

wie sie sich wiegt
im goldenen kleid
die forsythie

vom fliederduft
die amsel
singt

die lerche
gleich den himmel
berührt

anemonen
lang angeschaut
gleich gleich

vom löwenzahn
wie zart
die ersten zähne

die briefe
mit dem rosa schleifchen
ach ja - frühjahrsputz

kuckuck
mann und frau
sich ansehen - lächeln

apfelblüten
wie leicht sie sich
lösen - fallen

über nacht
goldgetupft
die wiesen

oh - der esel drüben
vom frühling
singt

von wolke
zu wolke nun huscht
das mondgesicht

klopfen rufen
rastlos
der specht

sommer

mit leichten füßen
richtung rosengarten
der himmel blau und heiter

sonnenkringel
auf der haut
nichts weiter

sie trällert
ein lied
über nichts

da fiel ihm
ein lila duft
um den hals

sonnentrunken
der falter
ruhen muss

so sorglos
die amsel
heut

am zaun
rittersporn
drei arme voll

die linden duften
im schatten stumm
die alten

ein rosendorn
zupft
warte

duft von gras
und kräutern
so lau die nacht

im waschhaus
die frauen scherzen
sternschnuppe von weit her

mond und karpfen
erstaunt
sich mustern

die frösche
nur kurz
still waren

im sommergarten
jeder summt
sein lied

er schreibt ihr
von rosa
malven nur

da steh ich nun
die blumen
welk

herbst

ein nebelhorn
stimmen von
da und dort

im nassen gras
weiß getupft
ein dutzend pflaumen

im obstgarten
eva mit dem apfel
süß-sauer

krähen
hinter dem pflug
möwen lachen

die gasse
bedeckt mit gold
ginkgogold

der briefkasten
hat geklappert
wo war ich

die letzten
krümel
den spatzen

dieses sehnen
im flug der gänse
nach süden

der rosenkäfer
so unbeschwert
noch

kein laut
der schatten
eines vogels

sie setzt sich
zu ihm sagt
nichts

der Mann am Fenster
lauscht
nichts das sich bewegt

wo sie jetzt
sein mag
zwischen den sternen

den kirschkern
ausgespuckt
ob er zum baum wird

so mild noch die sonne
wer denkt schon
an winter

atem
kommt
geht

im netz
der spinne
tautropfen nur

winter

juchhu es schneit
sogar der schneemann
lächelt

der junge
schneebälle wirft
für sich allein

winterreise
der pilger dort
weiß das haar

im schneetreiben
lachen der kinder
im ohr

es schneit es schneit
im wirtshaus
ist tanz

eine geschichte
im tragetuch
gähnt

die fliege am fenster
warte nur
denk ich

winterruhe
so etwas fast
wie frieden

unter dem hut
das silber der jahre
nicht ein euro wert

frostklirrend
das blaue klavier
ein einziger stern

der letzte blick
wer weiß
worauf er ruhte

das christkind
den daumen fand
drei weise staunen

zornig der esel
die fliegen vertreibt
mit dem schwanz

mein gott
was er noch vorhat
mit mir

inhalt

wie viele wellen
das meer wohl
hat